Ulrike Behme-Matthiessen | Thomas Pletsch

Räume – Träume – Grenzen
Materialien zur Themenorientierten Eltern-Kind-Gruppentherapie (TEK)

Ulrike Behme-Matthiessen / Thomas Pletsch

Räume – Träume – Grenzen

Materialien zur Themenorientierten
Eltern-Kind-Gruppentherapie
(TEK)

verlag modernes lernen - Dortmund

*Es ist nicht gesagt,
dass es besser wird,
wenn es anders wird,
wenn es aber besser werden soll,
muss es anders werden.*

C.G. Lichtenberg, Aphorismen

Herausgeberische Betreuung: Jürgen Hargens

© **2008 by SolArgent Media AG, Basel**

**Veröffentlicht in der Edition:
verlag modernes lernen · Schleefstraße 14 · D-44287 Dortmund**

Gesamtherstellung: Löer Druck GmbH, Dortmund

Bestell-Nr. 1468   ISBN 978-3-8080-0616-0

Urheberrecht beachten!
Alle Rechte der Wiedergabe dieses Fachbuches zur beruflichen Weiterbildung, auch auszugsweise und in jeder Form, liegen beim Verlag. Mit der Zahlung des Kaufpreises verpflichtet sich der Eigentümer des Werkes, unter Ausschluss der § 52a und § 53 UrhG., keine Vervielfältigungen, Fotokopien, Übersetzungen, Mikroverfilmungen und keine elektronische, optische Speicherung und Verarbeitung (z.B. Intranet), auch für den privaten Gebrauch oder Zwecke der Unterrichtsgestaltung, ohne schriftliche Genehmigung durch den Verlag anzufertigen. Er hat auch dafür Sorge zu tragen, dass dies nicht durch Dritte geschieht. Der gewerbliche Handel mit gebrauchten Büchern ist verboten.

Zuwiderhandlungen werden strafrechtlich verfolgt und berechtigen den Verlag zu Schadenersatzforderungen. (Die Kopiervorlagen auf den Seiten 51-55 stehen dem Käufer dieses Buches für den *nichtgewerblichen* Gebrauch zur Verfügung.)

Inhalt

Zum Geleit (Wilhelm Rotthaus) 7

Einleitung 9

Struktur der Gruppenarbeit 10

Gestalterisches Arbeiten 11

Übungsanleitungen 13

Thema: „Familie und Identität" 13

Familienwappentier 13
Was ist typisch für meine Familie 14
Hausführung 14
Litfaßsäule 15
Puzzle 15
Familienrahmen 17
Steckbrief der Familie 18
Samstagnachmittag zu Hause 19
Familienhaus I 20
Familienhaus II 20
Zwei Schritte zueinander 21
Gemeinsam malen 21

Thema: „Stärken und Ressourcen" 22

Wellnessblume 22
Körperbild mit positiven Eigenschaften 23
Bedeutung des Vornamens 23
Werbeplakat für mein Kind 24
Inseln im Ozean 25
Roboter-Gebrauchsanweisung 26

Thema: „Vergangenheit und Zukunft" 27

Meilensteine der Familiengeschichte 27

Inhalt

Zeitmaschine ... 28
Schatzkiste I ... 28
Schatzkiste II ... 29
Wunschkugel ... 30

Thema: „Kontakt und Kooperation" ... 31
Aquarium ... 31
Haus-Baum-Hund ... 32
Märchen malen ... 32
Bilderrunde ... 33
Fußmenschen ... 34
Baumeister-Wettbewerb ... 34
Bilderphantasie ... 35

Thema: Abschlussritual ... 36
Wunschbaum ... 36

Wegweiser ... 37

Resilienz und Salutogenese ... 40

Elterngruppe ... 42

Vater-Kind-Gruppe ... 47

Abschluss ... 50

Kopiervorlage „Roboter" ... 51

Kopiervorlage „Wegweiser" ... 53

Literatur ... 55

Zum Geleit

Multisystemische Eltern-Kind-Gruppenarbeit zeigt nachweislich gute Erfolge. Sie entlastet die Eltern von dem Erleben, die einzige Familie mit so großen Problemen zu sein und Schuld an den Störungen des Kindes zu haben, motiviert Eltern und Kinder in besonderem Maße und trägt damit dazu bei, alle Beteiligten mit Engagement in der Therapie zu halten. Insofern ist es sehr zu begrüßen, dass hier ein Materialband vorgelegt wird, der das Handwerkzeug für eine Themenorientierte Eltern-Kind-Gruppentherapie detailliert beschreibt. Die AutorInnen erheben nicht den Anspruch, ein umfassendes multisystemisches Therapiekonzept vorzustellen. Vielmehr präsentieren sie einen Therapiebaustein, der sich in vielen Kontexten realisieren lässt und zweifellos zu einem bedeutenden Teil der Arbeit werden kann.

Sehr präzise und detailliert wird aufgezeigt, wie man eine themenorientierte therapeutische Eltern-Kind-Gruppe durchführen kann. Die Darstellung ist anschaulich und konkret. Präsentiert wird kein starres Manual, das die Anpassung an den jeweiligen Therapieprozess einengt. Vielmehr wird ein Schatz an Ideen ausgebreitet, aus dem die Therapeutin je nach Situation und Zielen wählen kann.

Vorgestellt werden 31 Übungen, die sich in der Gruppenarbeit mit Familien bewährt haben. Die Übungen sind vier Themenbereichen zugeordnet: „Familie und Identität", „Stärken und Ressourcen", „Vergangenheit und Zukunft" sowie „Kontakt und Kooperation". Die dort jeweils angestrebten Ziele werden den Beschreibungen der Übungen vorangestellt. Für die einzelnen multisystemischen Gruppensitzungen schlagen die AutorInnen eine gleich bleibende Struktur vor: Begonnen wird mit den gemeinsamen gestalterischen Aktionen von Eltern und Kindern, die jeweils unter einem Thema stehen. Für die Präsentation der Ergebnisse wird ein „Elterntausch" empfohlen; das heißt, die Kinder erläutern anderen Eltern aus der Gruppe das gemeinsame Werk, so dass diese es dann im großen Kreis vorstellen können. Anschließend findet ein Gespräch im Kreis der Eltern statt.

Zum Geleit

Sehr nützlich sind die kurzen Hinweise, die die AutorInnen für diese Elterngruppenarbeit geben. Sie zeigen eine konsequente Orientierung auf die Ressourcen und die Stärken sowohl der Kinder als auch der Eltern. Raum für Klagen wird trotzdem gegeben; aber man spürt beim Lesen, wie in der Arbeit ein „Brillentausch" gelingen kann. Die Eltern werden zudem angeregt, sich selbst einen Beratungsführer zu erstellen. Vor allem aber werden sie in ihrer Elternverantwortung gestärkt und in ihrer Rolle als die für ihre Familie „Kundigen" bestätigt. In der richtigen Erkenntnis, dass auch die Väter wichtig sind, aber vielleicht manchmal eine gesonderte Einladung benötigen, werden Anregungen für eine Vater-Kind-Gruppe gegeben.

Ich würde mich freuen, wenn dieses Buch nicht nur in möglichst vielen kinder- und jugendpsychiatrischen Praxen und Kliniken, sondern auch in Erziehungsberatungsstellen sowie teilstationären und stationären Einrichtungen der Jugendhilfe bekannt werden würde. Die Darstellung ist absolut praxistauglich. Wer es in der Hand hält, braucht eigentlich nur noch anzufangen.

Bergheim bei Köln, April 2007

Dr. Wilhelm Rotthaus
Arzt für Kinder- und Jugendpsychiatrie
und Psychotherapie

Einleitung

Die Themenorientierte Eltern-Kind-Gruppentherapie (TEK) ist ein multifamilientherapeutischer Ansatz, der Eltern und Kindern neue Begegnungen eröffnet, indem sie verschiedene Themen gemeinsam gestalterisch bearbeiten. Diese gemeinsamen gestalterischen Aktionen bieten einen Rahmen, in dem Eltern und Kinder sich positiv begegnen und häufig nach langer Zeit wieder einmal miteinander lachen, reden und sich verbunden fühlen. Unterstützt von anderen Eltern und den Therapeuten können neue Strategien erarbeitet und ausprobiert werden. Dabei dient die Gruppe als Ideenbörse für gegenseitige Anregungen. Im anschließenden Elternkreis können ermutigende und belastende Erfahrungen geteilt und das Zutrauen in eigene Lösungswege gestärkt werden. TEK-Gruppentherapie verbindet einen erlebnisorientierten Ansatz mit der Vermittlung von Handlungsalternativen, setzt dabei am Selbsthilfegedanken an und fördert somit das Zutrauen in die eigenen Möglichkeiten.

Die vorliegende Materialsammlung bietet eine vollständige Übersicht aller Übungen, die sich in der Eltern-Kind-Gruppentherapie bewährt haben und stellt damit das notwendige Handwerkszeug zur Verfügung, eigene Gruppen durchzuführen.

Die Übungen sind anschaulich und detailliert mit den notwendigen Materialangaben beschrieben und mit Beispielen illustriert.

Thematisch sind sie gegliedert in die Bereiche „Familie und Identität", „Stärken und Ressourcen", „Vergangenheit und Zukunft" und „Kontakt und Kooperation", wodurch die Planung der Gruppenstunden erleichtert wird. Je nachdem, ob eine thematische Vertiefung oder ein neuer inhaltlicher Impuls sinnvoll erscheinen, können entsprechende Übungen ausgewählt werden. Auch Überlegungen zur Resilienz und Salutogenese sind bei der Darstellung berücksichtigt.

Für die Durchführung der anschließenden Elterngruppe liefert dieser Band wertvolle Ideen und stellt mit dem „Wegweiser" eine Möglichkeit vor, wie Eltern Anregungen in einem persönlichen Beratungsführer für sich zusammenfassen können.

Struktur der Gruppenarbeit

Der Ablauf der Eltern-Kind-Gruppe ist in zwei Teile gegliedert: der erste Teil besteht aus gemeinsamen, themenorientierten Aktionen von Eltern und Kindern, die mit einer Präsentation der gestalterischen Ergebnisse enden. Je nach Themenstellung fließen hier interaktive Elemente ein. Es ist eine Alltagserfahrung, dass die eigenen Kinder sich völlig anders verhalten, wenn sie zu Besuch sind. Um die dabei freiwerdenden Ressourcen in der Eltern-Kind-Gruppentherapie zu nutzen, wird ein „Elterntausch" angeregt: die teilnehmenden Familien tauschen die Eltern-Kind-Konstellationen untereinander aus, so dass den Kindern die Aufgabe zukommt, anderen Eltern aus der Gruppe das gemeinsame Werk so zu erklären, dass diese „Besuchseltern" es hinterher im großen Kreis vorstellen können. Die Besucher dürfen so lange nachfragen, bis sie sich ausreichend informiert fühlen.

Dieser Elterntausch hat verschiedene positive Effekte. Zum einen sind die Kinder in der Regel sehr stolz, sich und die eigene Familie vorzustellen, es stärkt häufig die Identifikation mit dem gemeinsamen Werk und die Kinder bemühen sich in der Regel, alles ausführlich darzustellen.

Einen überraschenden Effekt hatten wir hierbei bei einem Mädchen mit elektivem Mutismus, die in dieser Tauschsituation plötzlich begann, in normaler Lautstärke mit fremden Menschen zu kommunizieren, um ihre Familie auch angemessen darzustellen.

Die eigene Familie aus der Perspektive des Kindes von anderen Eltern vorgestellt zu bekommen, ist sehr spannend, ebenso die spätere Rückmeldung im Elternkreis, wie das eigene Kind erlebt worden ist. Darüber hinaus ist dieser Wechsel im Setting sehr belebend für alle, es kommt neue Bewegung in die Gruppe, was häufig noch einmal zum Ende hin die Aktivität und Aufmerksamkeit erhöht.

Anschließend findet – als zweiter Teil – ein Gespräch im Kreis der Eltern statt, um die Eindrücke und Erfahrungen der Aktion zu reflektieren. Während dieser Zeit werden die Kinder separat betreut. Der Zeitbedarf für eine solche Eltern-Kind-Gruppeneinheit liegt bei ca. 1 3/4 Stunden.

Gestalterisches Arbeiten

Ein wichtiger Bestandteil der TEK-Gruppentherapie sind die gestalterischen Übungen, die von den Familien gemeinsam durchgeführt werden.

Im Folgenden stellen wir unsere Gruppenübungen inhaltlich vor. Wir haben uns hierbei um eine Form der Beschreibung bemüht, die es interessierten LeserInnen gestattet, die Übungen jederzeit in der Praxis anzuwenden.

Bei den Materialangaben der Übungsbeschreibungen finden Sie häufig kurze Hinweise wie „Materialien für Collagen", „große Bögen Papier" etc. Zum besseren Verständnis und als Hilfe für die Zusammenstellung eines brauchbaren Materialfundus möchten wir Ihnen noch folgende Materialliste an die Hand geben (für eine Gruppengröße von ca. 12 Personen):

- 4 große Packungen Öl-/Pastellkreide (24 Stck.)/Wachsmalstifte
- Klebestifte (1 pro Teiln.)
- Kreppklebeband zur Befestigung der Bilder an der Wand
- reich bebilderte Zeitschriften zum Ausschneiden
- Scheren/Kinderscheren (1 pro Teiln.)
- Cuttermesser + dazugehörige Unterlage
- verschiedenfarbige Filzschreiber
- Aquarellpapier (60 x 45 cm)
- DIN-A3-Kopierpapier
- Zeichenpapier (100 x 60 cm)
- Fotokarton (weiß)
- rotes/gelbes Tonpapier
- Ton (mittelschamottiert)
- Tonwerkzeuge/Modellierhölzer
- Specksteinstücke + Wasserschleifpapier (120er + 300er Körnung)
- 30 cm Lineale (4 Stck.)
- Kugelschreiber (12 Stck.)

Gestalterisches Arbeiten

Die gestalterischen Tätigkeiten der Gruppe begleiten wir meist mit leiser Hintergrundmusik. Bei einer entsprechenden Auswahl der Musik kann die Arbeitsatmosphäre in bestimmter Weise positiv geprägt werden. Einige Übungen können beispielsweise durch eine lebhafte Musik, andere durch eine ruhige, meditative Musik in ihrer Wirkung bestärkt werden.

Die Übungen sind im Weiteren nach Themenbereichen geordnet dargestellt, zu jedem Themenbereich werden vorab die Ziele dargestellt.

Übungsanleitungen

Thema: „Familie und Identität"

Ziele:

- die eigene Position in der Familiengemeinschaft wahrnehmen und definieren
- eigene Abgrenzung erfahren – die Grenzen der anderen erkennen und akzeptieren
- die eigene Identität durch konkrete Inhalte definieren
- in der Familiengruppe die eigene Identität wahren

Übung: Familienwappentier
(nach VOGT-HILLMANN/BURR, 2000)

Die Familie erstellt gemeinsam eine Tabelle mit allen Namen der Familienmitglieder. In jede Namensspalte werden jetzt zwei besondere Stärken/Fähigkeiten der betreffenden Person eingetragen. Anschließend wird zu jeder Person ein Tier überlegt, durch dass diese besondere Eigenschaft repräsentiert wird. Die Tiere können in den Spalten skizziert oder aufgeschrieben werden. Jetzt wird aus allen Tieren auf einem großen Bogen Papier ein gemeinsames Wappentier „konstruiert" und aufgemalt, so dass alle Tiere in diesem (Wappen-) Tier zum Vorschein kommen (Bsp.: Kopf eines Löwen, Beine eines Elefanten, Flügel einer Biene etc.). Zum Abschluss bekommt das Wappentier noch einen Namen, der groß auf dass Plakat geschrieben wird.

Dauer: ca. 1 h
Material: pro Familie ein großes Zeichenpapier, kl. Papier zum Skizzieren, Wachsmaler, Filzstifte

Übung: Was ist typisch für meine Familie?

Alle Familienmitglieder arbeiten gemeinsam auf einem Bogen Malpapier. Jedes Familienmitglied sucht aus Zeitschriften für sich passende Bilder, die Typisches aus der Familie repräsentieren (Hobbys, Wohnen, Beruf, Charaktereigenschaften, Freizeit, etc.). Die Bilder werden nach gemeinsamer Absprache auf das Papier geklebt, bei Bedarf auch beschriftet.

Dauer: ca. 45 Min.

Material: Zeitschriften, Klebestifte, Scheren, Filzstifte, pro Familie ein großer Bogen Papier

Übung: Hausführung

Jede Familie malt auf einem großen Bogen Papier gemeinsam ein Bild des eigenen Hauses/der eigenen Wohnung. Es kann ein Grundriss sein, in den auch Möbel eingezeichnet werden, es kann die Seitenansicht des Hauses sein – ganz nach Bedarf. Vielleicht gehört noch ein Garten dazu? Wenn alle Familien fertig sind (Zeit vorgeben! Erfahrungsgemäß sollten es ca. 30 Minuten sein), werden Eltern und Kinder „getauscht" (s.S. 10). Die „fremden" Eltern interviewen jetzt das Kind über die Wohnung, um sich selbst ein Bild machen zu können. Wichtig: es geht nicht darum, die Lebensgewohnheiten anderer Familien auszufragen, sondern darum, dass ich mich als Gast in der mir fremden Wohnung orientieren kann. Anschließend stellen die „Gasteltern" im Plenum die Wohnung vor, die sie gerade besucht haben.

Dauer: ca. 60 Min.

Material: Wachsmalstifte, Filzstifte, pro Familie ein großer Bogen Papier

Übungsanleitungen: Thema: „Familie und Identität"

Übung: Litfaßsäule

Alle Familienmitglieder arbeiten gemeinsam an einer Papprolle (Teppichrolle) von ca. 30 cm Länge. Jedes Familienmitglied sucht aus Zeitschriften für sich passende Bilder, die Typisches aus der Familie repräsentieren (Hobbys, Wohnen, Beruf, Charaktereigenschaften, Freizeit, etc.). Die Bilder werden nach gemeinsamer Absprache auf die Reklamesäule geklebt, bei Bedarf auch beschriftet.

Dauer: ca. 45 Min.
Material: Zeitschriften, Klebestifte, Scheren, Filzstifte, pro Familie eine große Papprolle (Teppichrolle, ca. 30 cm Länge)

Übung: Puzzle

Aus einem großen Zeichenpapier werden vorab durch die Gruppenleiter Puzzleteile ausgeschnitten, die der Anzahl der Familienmitglieder entsprechen. Die Puzzleteile werden auf der Rückseite nummeriert. Jedes Familienmitglied erhält ein Puzzleteil, sind nicht alle Familienmitglieder anwesend, werden die Puzzleteile unter den Anwesenden aufgeteilt. An getrennten Tischen haben jetzt die Familienmitglieder die Aufgabe, ihre Puzzleteile zu unterschiedlichen Themen zu gestalten: gemeinsame Interessen; Träume und Wünsche; Träume und Wünsche der anderen Familienmitglieder etc.

Sind alle Teile fertig gestaltet, werden sie von den Gruppenleitern eingesammelt und auf einem großen Tisch vermischt, während sich alle teilnehmenden Familien um den Tisch versammeln. Ohne sich dabei abzusprechen, haben die Familien die Aufgabe, ihr Puzzle zusammenzufügen. Dabei dürfen die selbst gestalteten Teile nicht gezogen werden, dies ist die Aufgabe der anderen Familienmitglieder. D.h. jeder muss herausfinden, welches Bild die anderen Mitglieder seiner Familie wohl über die Familie gestaltet haben.

Dauer: ca. 45 Min.
Material: Zeitschriften, Klebestifte, Scheren, Filzstifte, großes Zeichenpapier

Übungsanleitungen: Thema: „Familie und Identität"

Übungsanleitungen: Thema: „Familie und Identität"

Übung: Familienrahmen

Auf einem großen Zeichenpapier (ca. 50 x 70 cm) malt und klebt die Familie alles auf, was für die einzelnen Familienmitglieder persönlich wichtig und kennzeichnend ist. Danach erhält die Familie Pappstreifen, die zusammengeklebt einen Rahmen um diese Collage bilden. Auf diesen Rahmen werden die Namen der Familienmitglieder sowie Stichworte aufgeschrieben oder symbolisiert, die für den Zusammenhalt der Familie wichtig sind oder wichtig sein könnten.

Dauer: ca. 45 Min.

Material: Zeitschriften, Klebestifte, Scheren, Filzstifte, pro Familie ein großer Bogen Papier (ca. 50 x 70 cm) und stabile Papp- oder Papierstreifen

Übungsanleitungen: Thema: „Familie und Identität"

Übung: Steckbrief der Familie

Die Familie gestaltet gemeinsam einen „Steckbrief": von jedem Familienmitglied wird ein kleines Portrait gemalt, das die Person deutlich charakterisierend darstellt. Die Portraits sind später oben auf dem Steckbrief zu sehen. Darunter ist jedes Familienmitglied namentlich erwähnt und in Stichworten beschrieben (Aussehen, Neigungen, Fähigkeiten, Gemeinsamkeiten etc.)

Dauer: ca. 45 Min.

Material: pro Familie ein großer Bogen Papier, Filzstifte, Lineal, Wachsmalstifte, Schere, Klebestifte

Empfehlung: den Familien vorher als Anregung ein „Muster" für einen Steckbrief zeigen

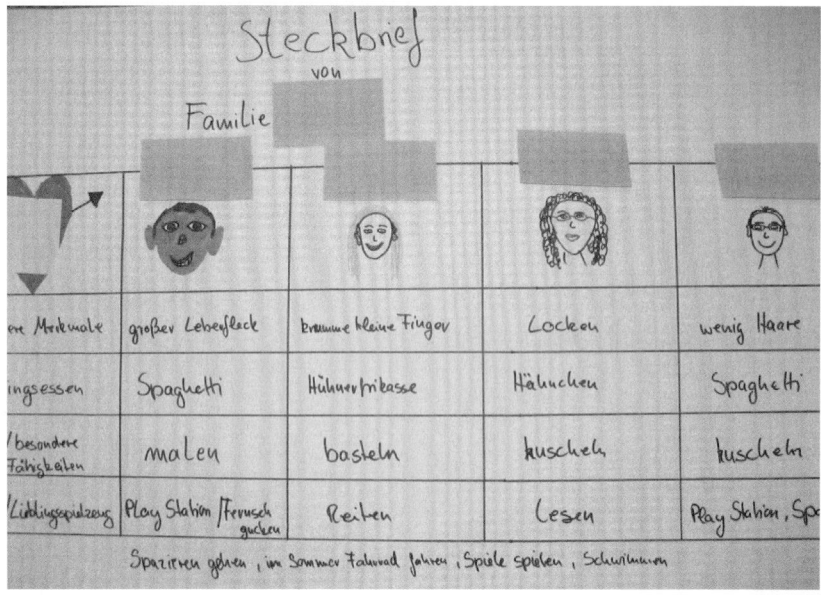

Übungsanleitungen: Thema: „Familie und Identität"

Übung: Samstagnachmittag zu Hause

Die Familie zeichnet gemeinsam auf einem DIN-A3-Blatt den Grundriss der Wohnung/des Raumes, die/der die Kulisse für eine Darstellung „Samstagnachmittag bei uns zu Hause" abgibt.

Die Familie einigt sich, wer welche Person aus verschiedenfarbiger Knete nachbildet. Die Figuren werden auf dem Grundriss platziert, vielleicht eine gemeinsame Tätigkeit dazu beschrieben, so dass eine Art „Schnappschuss" der Familie entsteht.

Dauer: ca. 45 Min.

Material: Knete (verschiedene Farben; pro Familie eine Packung), pro Familie ein Bogen DIN-A3-Papier, Filzstifte

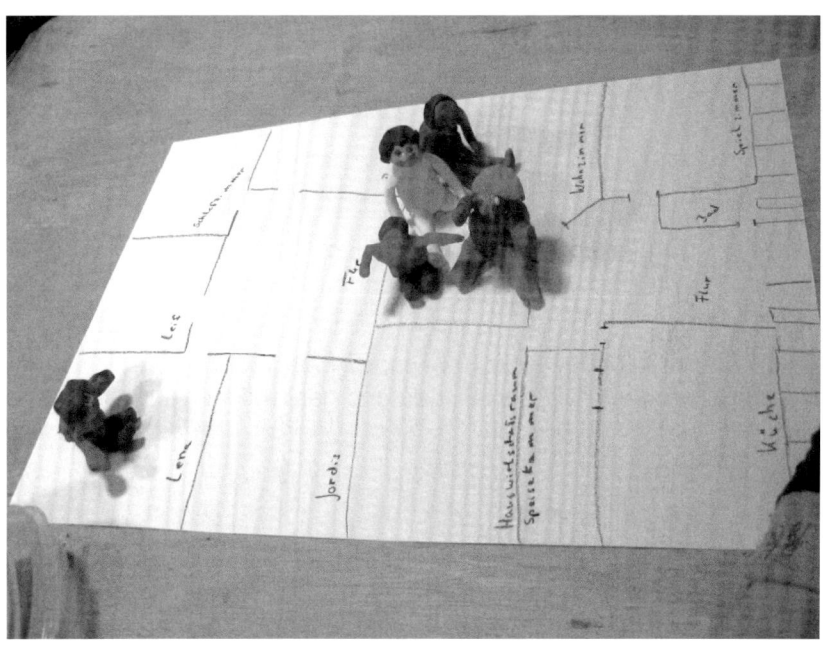

Übung: Familienhaus I

Die Familie malt gemeinsam eine Außenansicht ihres Wohnhauses. Vielleicht gehört ein Garten dazu, eine Garage etc. Die mitgebrachten Photos (siehe Materialliste) werden anschließend auf diesem Bild positioniert und festgeklebt, so dass jedes Familienmitglied an seinem typischen Platz in Haus oder Grundstück zu sehen ist, bzw. an der Stelle, welche die Rolle des betreffenden Familienmitgliedes symbolisiert.

Dauer: ca. 45 Min.

Material: pro Familie ein Bogen Zeichenblockpapier, Wachsmalstifte, Filzstifte, ein Photo von jedem Familienmitglied oder ein Familienphoto (zum Ausschneiden und Aufkleben!)

Hinweis: Diese Übung muss einige Tage vorher angekündigt werden, bzw. die Familien werden aufgefordert, zum geplanten Termin Photos mitzubringen.

Übung: Familienhaus II

Diese Übung kann unabhängig von „Familienhaus I" durchgeführt werden, eignet sich jedoch besonders gut als Folgeübung.

Die Familie gestaltet hier ein Plakat, das zeigt, wie das Familienhaus (oder mittlerweile die Familienhäuser?) in 15 Jahren aussehen wird (werden). Die beruflichen und persönlichen Wünsche und angestrebten Wege können hier beispielsweise dargestellt werden.

Wird diese Übung als Folgeübung zu „Familienhaus I" durchgeführt, kann es eine spannende Wirkung haben, die beiden Ergebnisse nebeneinander zu zeigen. Die Übung lässt sich beliebig variieren, beispielsweise „Familie vor 10 Jahren", „Familie in 30 Jahren" etc.

Dauer: ca. 45 Min.

Material: wie Familienhaus I, jedoch ohne Photos der Familie, stattdessen Bilder von Menschen aus Zeitschriften

Übung: Zwei Schritte zueinander

Dieses Bild malt die Familie gemeinsam in zwei Schritten, wobei der zweite Schritt erst unmittelbar vor der Ausführung erklärt wird, keinesfalls schon zu Beginn der Übung.

Jedes Familienmitglied sucht sich auf dem Papier eine Seite und malt den „Ort, an dem ich mich wohlfühle".

Der zweite Schritt besteht darin, Verbindungswege verschiedener Art, egal, ob gerade Straße, steiler Gebirgspfad oder zu überquerendes Gewässer, zueinander zu entwickeln und bildnerisch darzustellen.

Dauer: ca. 45 Min.

Material: großes Zeichenpapier (ca. 50 x 70 cm), Filzstifte, Wachsmalstifte

Übung: Gemeinsam malen

Die Familie bekommt die Aufgabe, mit möglichst wenig Absprache gemeinsam ein Bild frei zu gestalten.

Jedes Familienmitglied beginnt in einer Ecke/auf einer Seite des Blattes. Das Blatt möge dann so weit mit Farbe gefüllt werden, bis sich alle Familienmitglieder mit ihren Farben treffen, also aus vielen Einzelbildern ein großes gemeinsames Bild entstanden ist.

Dauer: ca. 45 Min.

Material: großes Zeichenpapier, Filzstifte, Wachsmalstifte

Übungsanleitungen: Thema: „Stärken und Ressourcen"

Thema: „Stärken und Ressourcen"

Ziele:

- eigene Stärken und Stärken der Familienmitglieder wahrnehmen und benennen
- Stärken als Grundlage einer wachstumsfördernden Perspektive anerkennen

Übung: Wellnessblume

Jede Familie erhält ein großes Zeichenblatt (mind. 50 x70 cm) und eine Anleitung für eine „Blüte", so dass auf jedem Blatt ein Kreis in der Mitte mit angrenzenden Kreisen in der Anzahl der Familienmitglieder zu sehen ist:

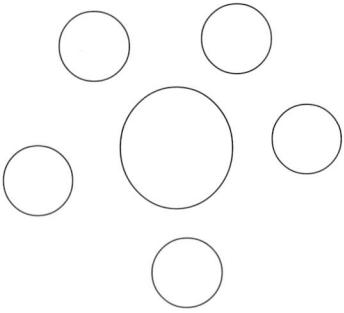

In den mittleren Kreis malen/kleben die Familienmitglieder gemeinsam, was alles der Familie gut tut, wenn sie zusammen ist, was alle gemeinsam gerne machen. Alles, was für Spaß, Wohlbefinden, Erholung und Ausgleich für alle sorgt, wird hier versammelt. In den angrenzenden Kreisen finden sich alle „Kraftspender" jeweils für ein einzelnes Familienmitglied. So entsteht eine Sammlung mit Ideen zum Wohlfühlen für einzelne Familienmitglieder und für die gesamte Familie.

Dauer: ca. 60 Min.

Material: großes Zeichenpapier, Material für Collagen, Malstifte

Übungsanleitungen: Thema: „Stärken und Ressourcen"

Übung: Körperbild mit positiven Eigenschaften

Das Zeichenpapier wird auf den Boden gelegt oder an den Wänden befestigt.

Das Kind platziert sich so auf/vor dem Papier, dass die Eltern die Körperumrisse des Kindes mit einem Stift nachzeichnen können. Danach bekommt das „abgezeichnete" Kind die Möglichkeit, seinen Körper mit Farbe zu füllen, während die Eltern um diesen bunten Körper herum verschiedenfarbig positive Eigenschaften und Stärken, die ihnen und dem Kind einfallen, aufschreiben.

Anschließend lesen die Eltern die gesammelten Stärken/Eigenschaften ihres Kindes im Plenum vor.

Dauer: ca. 45 Min

Material: Zeichenpapier oder Tapetenrolle, Wachsmalstifte, Filzstifte, Kreppklebeband

Übung: Bedeutung des Vornamens

(nach VOPEL, 1992)

Zu Beginn der Übung werden Eltern und Kinder gefragt, wer etwas über die Bedeutung des Vornamens der Kinder weiß. Welcher Elternteil hat den Vornamen ausgesucht und was hat er sich dabei gedacht? (Hieß z.B. der Großvater schon so? etc.)

Anschließend verteilen die GruppenleiterInnen Karteikarten, auf denen über die in der Gruppe vertretenen Kindervornamen und deren Bedeutungen informiert wird. Informationen hierzu findet man im Vornamenlexikon. Die Eltern lesen diese Informationen jetzt vor.

Jetzt erhält jede Familie die Aufgabe, ein Plakat mit dem Namen des Kindes zu gestalten. So kann die Schrift beispielsweise in einer für die Persönlichkeit oder die Interessen des Kindes passenden Weise gestaltet werden, also ein Spiel mit den Vornamen und deren Sinngehalt.

Dauer: ca. 45 Min.

Material: Karteikarten, großes Zeichenpapier, Filzstifte, Wachsmalstifte, Materialien für Collagen

Übungsanleitungen: Thema: „Stärken und Ressourcen"

Hinweis: Bei der Vorauswahl durch die Gruppenleiter ist auf die Betonung positiver Aspekte bei den Namensbedeutungen zu achten.

Übung: Werbeplakat für mein Kind

Diese Übung eignet sich gut als Folgeübung zu „Bedeutung des Vornamens".

Zur Einstimmung wird den Familien vorgeschlagen, sie mögen sich in ihrer Phantasie vorstellen, ein Zirkus komme in die Stadt oder eine Firma preise ein völlig neuartiges Produkt an. Die Familien haben dann die Möglichkeit, den Vornamen des Kindes entsprechend eines solchen Werbeplakates zu gestalten und das dabei entstehende Plakat mit einem Werbeslogan für das Kind zu versehen.

Dauer: ca. 45 Min.
Material: großes Zeichenpapier, Filzstifte, Wachsmalstifte

Übung: Inseln im Ozean

Jedes Familienmitglied erhält einen vorgefertigten „Inselumriss" (siehe Abb. unten) nach freier Wahl. Die Gruppenleiter erklären, dass jeder Teilnehmer über unendliche Mittel verfügt, sich die soeben erworbene eigene Insel nach ganz persönlichen Kriterien zu gestalten:

„Stellt euch vor, ihr seid so reich, dass ihr euch eine eigene Insel kaufen könnt. Und damit nicht genug, habt ihr auch noch die Möglichkeit, diese Insel nach euren Vorstellungen einzurichten. Also euer ganz persönliches Paradies, eure Trauminsel. Ihr entscheidet über Bevölkerung, Tiere, Pflanzen, Besonderheiten usw. und klebt oder malt dies alles auf. Wenn ihr damit fertig seid, sucht ihr euch einen Platz auf dem beiliegenden ‚*Familienozean*' (blaues Tonpapier für jede Familie, ca. 50 x 70 cm) und einigt euch darüber, welche Insel wo aufgeklebt wird. Jetzt habt ihr noch die Möglichkeit, nach euren Wünschen Verbindungen zwischen den Inseln zu schaffen – Schiffe, Telefon, keine Verbindung etc."

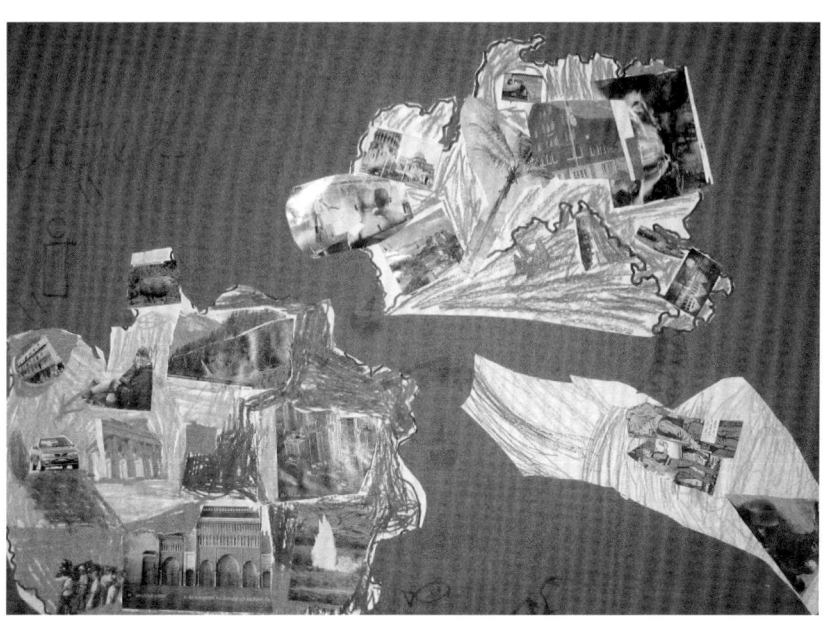

Sind alle Familien damit fertig, liegt ein blaues Wachstuch (ca. 3 x 1,50 m) bereit, worauf sich wiederum die *„Familienozeane"* positionieren und die Möglichkeit der Gestaltung von Verbindungswegen besteht.

Dauer: ca. 1 Std.

Material: pro Person 1 „Inselumriss" (DIN A3), pro Familie ein Bogen Tonpapier (50 x 70 cm), Zeitschriften zum Ausschneiden, Wachsmalkreide, Filzstifte, Klebestifte, Scheren, Kreppklebeband (zum Aufkleben auf die Wachsdecke), Wachsdecke (ca. 3 x 1,50m)

Übung: Roboter-Gebrauchsanweisung

Es wird die Idee vorgegeben, die Kinder seien sehr eigene und wertvolle Roboter.

Die Eltern füllen die „Roboter-Gebrauchsanweisung" aus (Kopiervorlage, S. 51f), evtl. in Absprache mit den Kindern, während die Kinder aus den bereitliegenden Zeitungsbildern den Roboter „konstruieren" oder malen.

Dauer: ca. 45. Min.

Material: Roboter-Gebrauchsanweisung, ausgeschnittene Maschinenteile, Klebestift, Schere DIN A4 Papier zum Aufkleben

Übungsanleitungen: Thema: „Stärken und Ressourcen"

Thema: „Vergangenheit und Zukunft"

Ziele:

- die eigene Geschichte reflektieren und wertschätzen
- aus der eigenen Geschichte Perspektiven entwickeln
- eigene Wünsche für die Zukunft wahrnehmen und formulieren

Übung: Meilensteine der Familiengeschichte

Jede Familie erhält die Anzahl DIN-A3-Blätter, die dem Lebensalter des Kindes entspricht. Die Papiere werden im Querformat verwendet, wenn möglich können auf einer Ecke „Meilensteine" zu sehen sein. Da jedes Blatt für ein Jahr steht, werden jetzt, beginnend mit dem Geburtsjahr des Kindes, die Blätter mit besonderen Ereignissen gestaltet, die es für die Familie in dem jeweiligen Jahr gab (z.B. ein Bild über einen Umzug, besondere Ferien, Familienfeiern etc.). Abschließend können die Blätter als Heft zusammengebunden oder in einer langen Reihe aneinander geklebt werden. So ensteht eine farbige Familienchronologie besonderer Ereignisse.

Dauer: ca. 1 Std.
Material: ausreichend DIN-A3-Papier, Malstifte, Klebeband, Hefter

Übung: Zeitmaschine

Jedes Familienmitglied arbeitet bei dieser Übung auf einem eigenen Blatt. Nachdem jedes Kind gefragt wurde, wie alt es in 10 oder 15 Jahren ist, geben wir die Idee vor, die Familienmitglieder säßen in einer Zeitmaschine: auf Knopfdruck können sie in die Zukunft reisen. Die Familien werden aufgefordert, sich in ihrer Vorstellung gemeinsam in der Zukunft des Kindes umzusehen: Wie sieht welches Familienmitglied aus? Wer macht was beruflich? Wie und wo leben die Familienmitglieder? Welche besonderen Fähigkeiten hat das Kind entwickelt? Was ist aus den heutigen Zukunftsträumen geworden? Die hierzu in der Fantasie auftauchenden Bilder können jetzt gestalterisch dargestellt werden.

Dauer: ca. 1 Std.
Material: großes Malpapier (etwa 50 x 70)

Übung: Schatzkiste I

(in Verbindung mit Schatzkiste II, siehe nächste Übung)

Die GruppenleiterInnen eröffnen diese Übung mit einer gelenkten Phantasie:

„Stellt euch vor, ihr seid auf einem großen Schiff unterwegs zu einer Insel ... dort soll ein sagenhafter Schatz liegen ... eure Mannschaft besteht aus *(Namen der Kinder)* ... ihr seid jetzt schon sehr lange unterwegs und seht von ferne die Schatzinsel ... ihr setzt den Anker, lasst ein Boot zu Wasser und rudert gemeinsam zu der Insel ... dort angekommen steigt ihr aus dem Boot und folgt dem Weg, der auf eurer Schatzkarte aufgezeichnet ist ... am Ziel angekommen, beginnt ihr zu graben ... bald stoßt ihr auf etwas Hartes ... eine Kiste ... ihr wisst, dass für jeden von euch etwas sehr Wichtiges in dieser Kiste liegt ... gespannt öffnet ihr die Kiste ... ihr findet für jeden von euch eine extra Schatzkiste, die ihr jetzt öffnet ... was findet ihr ...?"

Jetzt erhält jedes Familienmitglied eine vorgefertigte Schatzkiste mit der Aufgabe, diese in einem ganz eigenen Stil mit den bereitgestellten Materialien zu gestalten.

Zum Ende der Stunde wird der zweite Teil der Übung für die Folgestunde angekündigt und dazu eingeladen, persönliche wichtige Dinge als Inhalt für die Schatzkiste von zu Hause mitzubringen.

Dauer: ca. 45 Min.

Material: farbiges Tonpapier, Materialien für Collagen, Filzstifte, Wachsmalstifte, vorgefertigte Schatzkisten aus Tonpapier (ca. 20 x 15 x 8 cm mit Deckel)

Übung: Schatzkiste II

In der Folgeübung zu „Schatzkiste I" erhält jedes Familienmitglied die Möglichkeit, seine Schatzkiste mit „persönlichen Schätzen" zu füllen. Dies können Photos oder kleine Andenken ebenso wie aufgeschriebene Erinnerungen oder Wünsche sein. Zudem erhält jede/r die Möglichkeit, eigene Schätze aus Modelliermasse oder Speckstein zu gestalten.

Wichtig ist hier der Hinweis, dass nur das in der Gruppe vorgestellt wird, was jede/r an Persönlichem zeigen mag! Alle anderen „Mitbringsel" dürfen ungesehen ihren Platz in der Schatzkiste finden.

Dauer: ca. 45. Min.

Material: persönliche Dinge von zu Hause, Speckstein und Werkzeug, Modelliermasse und Werkzeug, kleine Zettel und Stifte

Übungsanleitungen: Thema: „Stärken und Ressourcen"

Übung: Wunschkugel

Jede/r TeilnehmerIn bekommt die Möglichkeit, für sich eine „Wunschkugel" aus Ton zu formen (von der Größe der Handinnenfläche).

In diese Kugel wird ein kleiner Zettel mit geheimen und wichtigen Wünschen eingearbeitet. Niemand darf erfahren, was auf diesen Zetteln geschrieben steht, da sonst der Zauber verloren gehen könnte. Von außen wird die Kugel dann mit geheimen Zeichen und Symbolen versehen.

Dauer: ca. 45 Min.
Material: Ton oder Modelliermasse, Werkzeuge, kleine Zettel und Stifte

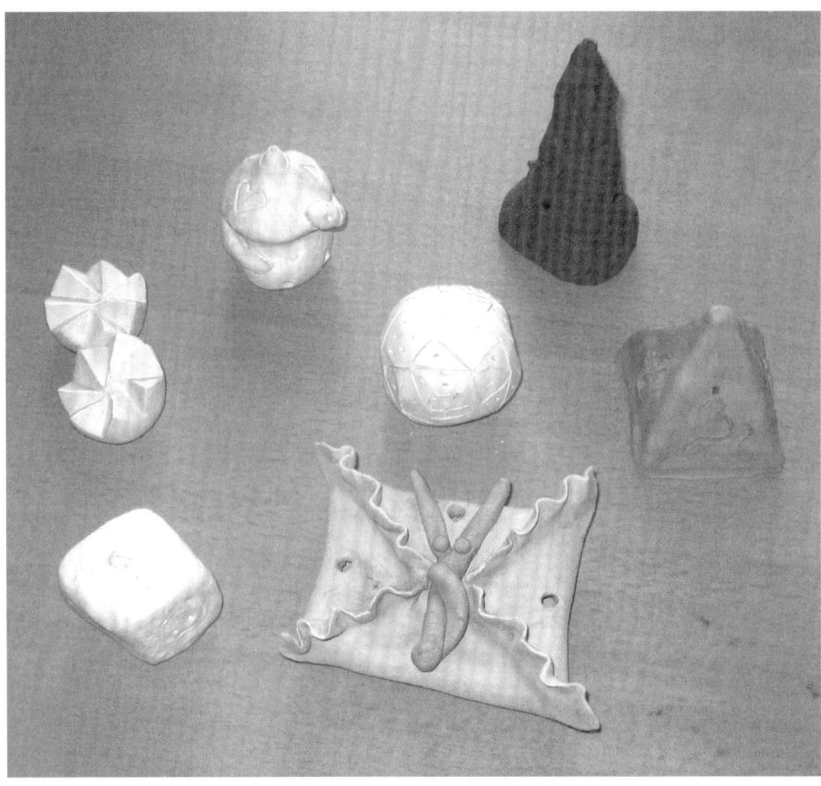

Thema: „Kontakt und Kooperation"

Ziele:

- neue Möglichkeiten der Kontaktgestaltung erfahren
- Familienmuster in der Kommunikation entdecken
- Fähigkeiten und Bedingungen zur Kooperation erleben

Übung: Aquarium

Jedes Familienmitglied malt in einer Ecke des Blattes einen einfachen Fisch, maximal von der Größe einer Kinderhand. Wenn die Musik einsetzt, „beginnen die Fische zu schwimmen", so, wie sie wollen, quer über das gesamte Blatt. Mit den Wachsmalstiften werden diese Wege als Linien über das Blatt gemalt. Ist die Musik zu Ende, werden die Stifte abgesetzt. Jetzt einigen sich die „Fische" auf einen gemeinsamen Startpunkt. Wenn die Musik (dasselbe Stück) wieder einsetzt, schwimmen die Fische nebeneinander durch das Aquarium, wieder so lange, bis die Musik aussetzt. Dabei werden die Farbstifte dicht nebeneinander von den Familienmitgliedern über das Blatt geführt.

Wichtig: Während der Übung darf kein Wort miteinander gesprochen werden.

Dauer: ca. 20 Min.

Material: Musik (CD, Kassette), Wachsmalstifte, pro Familie ein Blatt Papier (50 x 70 cm)

Empfehlenswerte Musik:
aus C. Saint-Saens „Karneval der Tiere" das Stück „Aquarium"

Übung: Haus – Baum – Hund

(nach ANTONS, 1976))

Bei diesem Spiel sitzen zwei GruppenteilnehmerInnen vor einem DIN-A3-Blatt und halten gemeinsam einen Stift in der Hand.

Wichtige Regel: Keiner darf ein Wort sprechen, bis die Übung vollständig beendet ist!

Der/die GruppenleiterIn gibt jetzt vor, was die verschiedenen Paare, ohne miteinander zu sprechen, gemeinsam auf dieses Blatt zeichnen:

„Ihr beginnt mit einem Haus ... jetzt zeichnet ihr dazu einen Baum ... dazu gehört natürlich auch noch ein Hund ... bestimmt sind auch noch Wolken am Himmel zu sehen ... dann zeichnet ihr euch beide, so dass ihr an bestimmten charakteristischen Merkmalen zu erkennen seid ... abschließend gebt ihr dem Bild noch einen Titel, den ihr passend findet ... dann dürft ihr noch mit einem gemeinsamen Künstlernamen unterschreiben. Wer fertig ist, legt seinen Stift hin, wenn alle die Übung beendet haben, dürft ihr wieder sprechen."

Dauer: 10 – 15 Min.

Material: DIN-A3-Papier, Filzstifte.

Empfehlung: bei der Anleitung auf das Tempo der TeilnehmerInnen achten: das nächste Motiv erst dann einleiten, wenn der überwiegende Teil der Gruppe das letztgenannte Motiv beendet hat

Übung: Märchen malen

Die GruppenteilnehmerInnen haben bei verbundenen Augen ein DIN-A3-Blatt vor sich liegen und einen Stift in der Hand.

Die Gruppenleitung erinnert jetzt an ein bekanntes Märchen, z.B. Dornröschen. Sie erzählt verschiedene Motive des Märchens und lässt diese Motive mit verbundenen Augen zeichnen. Dann werden die Augenbinden der TeilnehmerInnen abgenommen. Die Überraschung ist groß, wo jetzt das Schloss, der Koch, die Tauben auf dem Dach und Dornröschen zu finden sind.

Dauer: ca. 15 Min.

Material: DIN-A3-Papier, Stifte, Tücher o.ä. als Augenbinde

Empfehlung: auch hier bei der Anleitung der einzelnen Motive auf das Tempo der TeilnehmerInnen achten. Außerdem ist zu respektieren, dass sich nicht jede/r auf das Schließen der Augen einlassen mag. Hilfreich ist dann z.B. die Empfehlung, an die Zimmerdecke oder in eine Ecke des Raumes zu sehen.

Übung: Bilderrunde

Die TeilnehmerInnen einigen sich auf ein zu malendes Thema oder die Gruppenleitung gibt ein Thema vor.

Während der Übung sollte nicht gesprochen werden! Die Gruppenleitung schaltet jetzt eine Musik ein und alle TeilnehmerInnen haben die Möglichkeit, zu dem vorgegebenen Thema ein Bild zu malen.

Nach ca. vier Minuten wird die Musik als Stoppsignal unterbrochen. Jetzt gibt jede/r TeilnehmerIn sein/ihr Bild nach links weiter und erhält von rechts ein begonnenes Bild. Bei Wiedereinsetzen der Musik wird an dem „neuen" Bild weitergemalt, bis die Musik erneut stoppt und die Bilder, wie bereits beschrieben, getauscht werden (eine durch das Spiel „Reise nach Jerusalem" bekannte Regel).

Dieser Vorgang wird so oft wiederholt, bis alle TeilnehmerInnen ihr eigenes Bild wieder vor sich liegen haben.

Dauer: je nach Teilnehmerzahl ca. 30 Min.

Material: Wachsmalstifte, großes Zeichenpapier, CD-, Kassettenrecorder und Musik

Hinweis: durch die Auswahl der Musik besteht die Möglichkeit, das Thema der Bilder zu prägen (z.B. Musik aus dem Mittelalter, Meditationsmusik etc.).

Übung: Fußmenschen

(nach VOPEL, 1992)

Die Kinder stellen sich barfuss auf das auf dem Boden ausgelegte Zeichenpapier. Die Eltern zeichnen die Umrisse der Füße mit einem Filzstift nach. Es können beliebig viele Fußformen in beliebiger Anordnung auf das Blatt gezeichnet werden.

Eltern und Kinder haben danach die Möglichkeit, aus den „Fußabdrücken" Gesichter und Menschen zu gestalten. Der Phantasie sind hierbei keine Grenzen gesetzt.

Dauer: ca. 45 Min.
Material: großes Zeichenpapier, Filzstifte, Wachsmalstifte
Hinweis: die einzelnen Fußmenschen können auch mit Sprechblasen versehen werden.

Übung: Baumeister-Wettbewerb

(nach ANTONS, 1992)

Die Familien teilen sich in Gruppen von jeweils 2 – 3 Personen auf. Als Anregung sei hier gegeben, dass sich Eltern und Kinder einer Familie gerne auf unterschiedliche Gruppen verteilen dürfen. Jeder Gruppe wird folgendes Material zur Verfügung gestellt:

– 5 Bögen DIN-A3-Papier

– 1 Blatt DIN-A4-Papier (als Skizzenblatt)

– 1 Klebestift

– 1 Schere

– 1 Lineal (30 cm)

– 1 Bleistift.

Die Gruppen arbeiten nach Möglichkeit in verschiedenen Räumen, mit dem Auftrag, innerhalb einer vorgegebenen Zeit (i.d. Regel 20 Min.) den stabilsten, höchsten und schönsten Turm zu bauen.

Als Kriterium für seine Stabilität wird der Turm zum Schluss dem Test unterzogen, ob er einen Bleistift auf seiner Spitze tragen kann, ohne einzustürzen. Die Gruppenleiter bilden jetzt eine Jury und bewerten die Türme nach den o.g. Kriterien (Höhe, Stabilität, Schönheit oder Originalität).

Anregung: Nach Ablauf der Zeit tauschen die Gruppen die Räume. Jede Gruppe hat jetzt 10 Min. Zeit, über den Turm der anderen Gruppe eine positive Kritik zu verfassen. Die Texte werden anschließend im Plenum vorgetragen.

Dauer: ca. 45 Min.

Material: Fotokarton, DIN-A3-Papier, Scheren, Lineale (30 cm), DIN-A4-Papier, Klebestifte, Bleistifte

Übung: Bilderphantasie

Jede Familie bekommt ein großes Zeichenblatt. Allen TeilnehmerInnen steht ein gemeinsamer Vorrat von kleinen, aus verschiedenen Zeitschriften ausgeschnittenen Bildern mit verschiedensten Motiven zur Verfügung.

Jede/r TeilnehmerIn sucht sich ein Bild aus und klebt dieses an einer beliebigen Stelle auf dem gemeinsamen Zeichenblatt auf. Dieses so begonnene Bild wird jetzt weitergemalt und erweitert, bis das gesamte Blatt gefüllt ist und aus den kleinen Einzelbildern ein Gesamtbild entstanden ist.

Dauer: ca. 45 Min.

Material: kl. Bilder aus Zeitschriften, großes Zeichenpapier, Klebestifte, Wachsmalstifte, Filzstifte

Abschlussritual

Ziele:

- sich aus der Gruppe verabschieden
- Ressourcen finden und sich an sie erinnern
- positive Zuwendung erleben
- eigene Wünsche für die Zukunft wahrnehmen und aussprechen

Wunschbaum

Wird ein Kind aus der Gruppe verabschiedet, so bekommt es einen ca. 45 cm hohen Baum aus Sperrholz. Die anderen Teilnehmer schreiben auf kleine, vorgeschnittene, rote und gelbe Papieräpfel ihre guten Wünsche für die weiteren Wege des Kindes.

Das Kind klebt diese „Wunschfrüchte" auf seinen Baum, anschließend liest ein Elternteil die guten Wünsche der gesamten Gruppe vor.

Dauer: ca. 20 Min.

Material: Baum aus Sperrholz oder fester Pappe (ca. 20 cm hoch), Klebestift, Stifte, gelbe und rote Äpfel aus Tonpapier (Ø ca. 4 x 4 cm)

Wegweiser

In der themenorientierten Eltern-Kind-Therapie erhalten die Eltern viele Anregungen und Ideen. Der Blick auf das eigene Kind verändert sich, Stärken rücken in den Vordergrund, Schwächen werden anders bewertet. In der Elterngruppe werden neue Strategien im Umgang mit Problemen besprochen, in gemeinsamen Eltern-Kind-Aktionen erprobt und sogar ein Stück eingeübt.

Damit diese „Erfahrungsschätze" nicht verloren gehen und auch für spätere Zeiten oder bei erneuten Krisen als ganz persönlicher Beratungsführer zur Verfügung stehen, haben wir den Wegweiser zusammengestellt. Er bietet einen Rahmen, um Erfahrungen sehr persönlich und in eigenen Worten schriftlich festzuhalten.

Der Wegweiser soll auch ermutigen, die eigenen Schritte und Erfahrungen ernstzunehmen und auch ungewöhnliche Wege zu beschreiten.

Deswegen beginnt der Wegweiser mit einer kleinen Geschichte (WAHREN, 1994):

Wege entstehen beim Gehen

Ein Sonderkommando führte in den Alpen ein militärisches Manöver durch. Der junge Leutnant sandte einen Spähtrupp in die Eiswüste, als es gerade zu schneien anfing.

Es schneite zwei Tage, und die Einheit kam nicht zurück. Der Leutnant fürchtete schon, dass er seine Leute in den Tod geschickt hätte, da kehrte die Einheit am dritten Tage zurück. Wo waren sie gewesen? Wie hatten sie ihren Weg gefunden?

Ja, sagten sie, wir hatten schon aufgegeben und warteten auf das Ende, aber dann fand einer von uns eine Karte in seiner Tasche. Das hat uns beruhigt. Wir errichteten ein Lager, warteten den Schneesturm ab und mit der Karte haben wir uns orientiert. Und jetzt sind wir da. Der Leutnant warf einen genauen Blick auf die Karte und entdeckte zu seinem Erstaunen, dass es eine Karte der Pyrenäen war.

Wegweiser

Wegweiser	• Meine Stärken als Vater/Mutter sind:
	• Besondere positive Fähigkeiten meines Kindes:
	• Was wir gemeinsam tun, wenn es uns gut geht:
	• Damit tue ich mir selbst etwas Gutes:
	• Drei Schwierigkeiten zwischen mir und meinem Kind, die immer auftreten;
	–
	–
	–
	• Das habe ich bisher ausprobiert:
	–
	–
	–
	(Erfolgsbewertung)
	1 = ganz schlecht 10 = sehr gut
	• Das sind meine neuen Ideen:
	–
von Familie	–
....	–
	• Das nehme ich mir im Zusammenleben mit meinem Kind für die nächsten 14 Tage vor:
	–
	–
	–

Die Eltern erhalten während ihrer ersten Teilnahme an einer Eltern-Kind-Gruppentherapie von uns den *Wegweiser* im DIN-A4-Format. Die Abbildung stellt das Deckblatt dar, daran angeheftet finden die Eltern weitere Blätter mit den Überschriften „Das habe ich bisher ausprobiert", „Das sind meine neuen Ideen", „Das nehme ich mir im Zusammenleben mit meinem Kind für die nächsten 14 Tage vor". Das Abschlussblatt zeigt die Komplimentwaage (s.u.). Zwischen der praktischen gemeinsamen Aktion und der Nachbesprechung im Elternkreis verbringen die Eltern ca. 10 Minuten ohne unsere Moderation gemeinsam zu einer kleinen „Pause". Während dieser Zeit bietet sich die Gelegenheit, den *Wegweiser* weiter auszufüllen, während der Nachbesprechung können diese Dokumentationen im Elternkreis erörtert und ergänzt werden.

Den Abschluss einer Eltern-Kind-Aktion bildet jedes Mal eine Komplimentrunde: die Eltern teilen ihren Kindern in ein bis zwei kurzen Sätzen mit, was ihnen an der gemeinsamen Aktion gefallen hat. Hierbei kann es auch zu Situationen kommen, dass einem Elternteil in dieser Stunde nichts Positives einfällt, dann sind Rückmeldungen der anderen Eltern erwünscht.

Situationen, in denen das Zusammensein von Eltern und Kind konflikthaft und ohne einen positiven Ausblick beendet wird, sind selten, dürfen aber ebenfalls so stehen bleiben.

In der Regel können die Eltern die Stunde mit einem (wenn auch manchmal sehr kleinen) Kompliment an die Kinder beenden.

Um diese festzuhalten, dient die Abbildung einer Waage, deren Waagschalen durch die vielen kleinen positiven Eindrücke immer mehr ins Lot kommen.

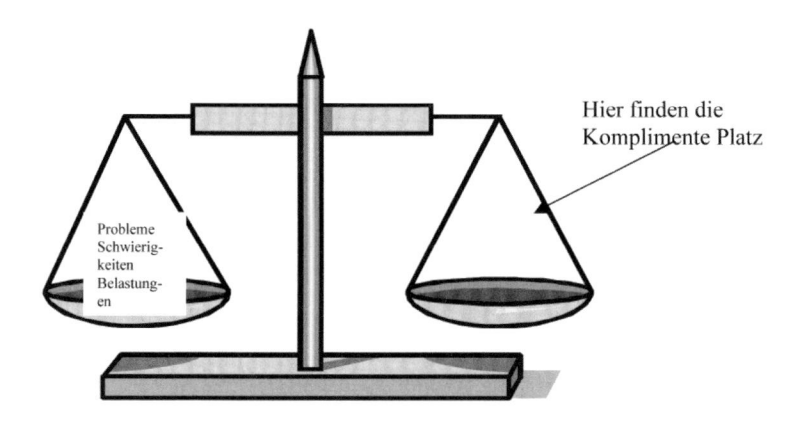

Resilienz und Salutogenese

In den letzten Jahren gewinnen Überlegungen zur Resilienz (WELTER-ENDERLIN/HILDENBRAND 2006) wie auch die salutogenetischen Konzepte von Verstehbarkeit, Bewältigbarkeit und Bedeutsamkeit nach ANTONOVSKY (1997) eine immer größere Bedeutung.

Der Begriff Resilienz beschreibt neben der psychischen Widerstandskraft insbesondere die Fähigkeit, aus schwierigen Lebensumständen nicht nur unbeschadet, sondern auch gestärkt und mit einem Zugewinn an Ressourcen hervorzugehen. Zusätzlich zur individuellen Resilienz, die in Familiensysteme hineinwirkt, spielt in der TEK-Gruppentherapie die Förderung familialer Resilienz eine große Rolle. Neben dem Erziehungsstil und der vorherrschenden Kommunikation, die neben anderen Aspekten familiale Resilienz stärken, unterstützen bestimmte „Glaubenssätze" die Familien als „Stoßdämpfer" in widrigen Situationen (CONEN, 2002): „Gemeinsam bewältigen wir Hindernisse", „Zum Menschsein gehört es, Fehler zu machen", „Steh-auf-Männchen können auch mit Niederlagen umgehen", „Es ist gut, Träume von der Zukunft/einen spirituellen Hunger zu haben".

Aaron ANTONOVSKY (1997) beschreibt mit seinen Ideen zur Salutogenese ebenfalls Kriterien, die zur Gesunderhaltung und Stärkung einzelner und (Familien-)Gruppen wesentlich beitragen. Das von ihm definierte Kohärenzgefühl, bestehend aus den o.g. Aspekten Verstehbarkeit, Handhabbarkeit und Bedeutsamkeit hebt die Fähigkeit hervor, die eigene Geschichte als ein Sinnganzes zu erfassen. Dabei gelingt es dem einzelnen/der Familie, sich als handlungsfähig zu erleben und die Lebensanforderungen als Motivationen zum Handeln zu nutzen, nicht als widrige Hindernisse.

Viele Übungen der Eltern-Kind-Gruppentherapie wie auch der in dem Kapitel über die Elterngruppe dargestellte Wegweiser setzen genau hier an. Sie fördern die Verstehbarkeit und Handhabbarkeit von kritischen Lebenssituationen, indem sie einen Rahmen bieten, sich mit Sinnfindung, Identität und der Bedeutung des eigenen Lebensweges auseinanderzusetzen. Im Prozess des gemeinsamen

Resilienz und Salutogenese

Gestaltens und in der nachfolgenden Gesprächsrunde nutzen die Familien die Möglichkeit, ihre Familienregeln (Glaubenssätze) zu erkennen und individuelle Problemlösestrategien zu formulieren und zu ergänzen. In der nachfolgenden Tabelle sind einige dieser Übungen in Verbindung mit Resilienz- und salutogenetischen Konzepten verknüpft dargestellt.

Übung	Resilienzfaktor	Bedeutsamkeit (Sinn)	Verstehbarkeit (Gesamtzusammenhang)	Handhabbarkeit (Ressourcen)
Wellnesskatalog	Ressourcen stärken;	X		X
Zeitmaschine	Realistisches Zukunftsbild; Visionen über die Zukunft entwickeln;		X	X
Meilensteine der Familiengeschichte	Sinn/Bedeutung des eigenen Lebens und der Familiengeschichte	X	X	
Wegweiser	Eigener Weg; kein Messen an der Normfamilie; Aufgabenorientierung; Aktive Problembewältigung	X		X
Familienwappentier	Familiale und persönliche Ressourcen integrieren		X	X
Familienpuzzle	Familiale Identität fördern; Wir-Gefühl stärken;		X	

Elterngruppe

Grundvoraussetzung für die Elterngruppenarbeit ist das Schaffen einer Atmosphäre, in der sich die Eltern akzeptiert und gewertschätzt fühlen. Das macht es so wichtig, die Belastungen der Eltern zu verstehen und das bisher von ihnen Geleistete zu würdigen.

Der Austausch in der Elterngruppe entlastet die Eltern. Sie fühlen sich oft in Kindergarten und Schule als Außenseiter („die einzigen mit einem so schwierigen Kind") und erleben sich als „Versager". In dieser Gruppe besteht die Gelegenheit, über die eigenen Belastungen im Zusammenleben mit einem erziehungsschwierigen Kind zu reden. Durch das Erleben anderer Kinder mit ähnlicher Problematik relativiert sich die eigene Situation. Auch das Aussprechen von Schuldgefühlen erleichtert.

Ein weiteres Element der Elterngruppe ist die gegenseitige Rückmeldung über die Eltern-Kind-Beziehung und das Erziehungsverhalten, wobei wir darauf achten, dass positive Rückmeldungen im Vordergrund stehen. Eltern teilen sich gegenseitig Beobachtungen mit, stellen einander Fragen und berichten über eigene Erfahrungen und Lösungsmodelle. So können sie unterschiedliche Möglichkeiten im Umgang mit Problemen kennen lernen. Wichtig ist, den Eltern Sichtweisen anzubieten, mit deren Hilfe sie merken, dass es nicht um „richtig" oder „falsch" geht, sondern darum, was möglich ist und zur jeweiligen Familie passt.

Die Gruppe bestärkt die Eltern darin, dass sie für ihre Familie die Experten sind, da sie die Probleme, aber auch die Stärken ihrer Familie kennen und bereits Strategien zur Lösung der Probleme ausprobiert haben. Diese unterschiedlich(st)en Strategien und Erfahrungen sind in der Elterngruppe gefragt, das Gespräch darüber stärkt das Selbstwertgefühl und das Vertrauen in die eigenen Möglichkeiten.

Manchmal geht es in dieser Gruppe auch darum, allen Ärger und alle Enttäuschung aussprechen zu dürfen, ohne dafür in Frage gestellt oder gemaßregelt zu werden. Auch ist die Elterngruppe ein Forum zum gegenseitigen Stärken. Eltern werden angeregt, Veränderungen, die sie über die Zeit miterleben, anzusprechen und sich gegenseitig zu loben. „Loben lernen" und „gelobt werden aushalten" ist hier ein wesentlicher Lernprozess, der auch für das familiäre Zusammenleben eine Bedeutung hat. Schließlich kann die Suche nach persönlichen Freiräumen und „Inseln" eine wichtige Aufgabe der Gruppe sein. Hierzu ist häufig der erste Schritt, von den anderen Eltern zu hören, dass es legitim ist, auch als Elternteil eigene Interessen zu pflegen und sich Zeit für sich selber zu nehmen.

Arbeitsmethoden

In einer Anfangsrunde hat jedes Elternteil für sich Raum und Zeit, positive Entwicklungen wie auch Belastungen zu schildern. Hierbei ist es wichtig, dass jedes Elternteil einzeln und direkt angesprochen wird und eine eigene Bewertung der Situation abgibt (nicht nur: *„Ich schließe mich meinem Mann/meiner Frau an")*.

Es steht auch Zeit für Klagen zur Verfügung. Hier scheint es aber wichtig, Begrenzungen einzuführen, da ansonsten häufig Altbekanntes wiederholt, eine Problemfokussierung gefördert und wenig Offenheit für neue Sichtweisen geschaffen wird (die „Klageviertelstunde").

Gerade in der Anfangsphase, in der das Gruppengeschehen häufig von Negativem geprägt ist, führen die GruppenleiterInnen immer wieder eine lösungsorientierte Perspektive in das Gespräch ein, indem sie nach Ausnahmen fragen *(„Wann lief es in der letzten Zeit einmal anders?")* und auf eine genauere Zielformulierung hinarbeiten *(„Stellen Sie sich vor, wir treffen uns das nächste Mal wieder, und Sie sind sehr zufrieden mit dem Verlauf der letzten zwei Wochen, was ist geschehen?")*.

Im Verlauf der Gesprächsrunden werden die Eltern sensibilisiert, auf positive Dinge zu achten und ihre Aufmerksamkeit darauf zu lenken, was gut oder anders läuft und wo Ansätze oder positive Entwicklungen zu erkennen sind (siehe Wegweiser).

Die Elterngruppe wird ermutigt, gegenseitig Lob auszusprechen, aber auch kritische Anmerkungen einzubringen. Dabei unterstützen die TherapeutInnen bei einer konstruktiven Formulierung.

Im Gruppengespräch steht die direkte Kommunikation unter den Teilnehmern im Vordergrund, um so das Vertrauen in die eigenen Möglichkeiten und den Selbsthilfegedanken zu stärken. In Gruppenkonstellationen, in denen eine direkte Kommunikation zwischen den Eltern nur mühsam in Gang kommt, sollte diese immer wieder angeregt werden *(„Was haben Sie für Erfahrung mit dem von Herrn J. geschilderten Problem?", „Welche Rückmeldungen können Sie Frau A. zu diesem Thema geben?")*.

Häufige Themen in der Nachbesprechung

Mein Kind hört nicht

Die Hilflosigkeit von Eltern, ihren Kindern Grenzen zu setzen, ist immer wieder ein Thema in den Elterngruppen. Hier ist die Entwicklung eines „Notfallplanes" für schwierige Situationen sinnvoll. Eine Möglichkeit besteht darin, gemeinsam mit den anderen Eltern zu besprechen, wie mit dem eigenen Kind bei schwierigen Situationen in der Eltern-Kind-Gruppe umgegangen werden kann. Den Eltern wird dazu ein Freiraum zum Experimentieren zur Verfügung gestellt, z.B. kann eine Absprache lauten, sich im Bedarfsfall bei anderen Eltern und/oder den TherapeutInnen Hilfe zu holen.

Rollenaufteilung in der Familie

Ein weiteres Thema ist die Rollenaufteilung innerhalb der Familie. Wichtig scheint die Frage, wer innerhalb der Familie wofür Verantwortung hat, wobei die Kinder bei der Übernahme von Verantwortung besonders berücksichtigt werden. Zufriedenheit mit der momentanen Aufteilung von Verantwortung wird dabei thematisiert, Veränderungswünsche erfragt („Welchen Verantwortungsbereich würden Sie gerne einmal abgeben oder neu übernehmen?").

Loben und Gefühle zeigen

Häufig haben besonders die Väter in den Familien Schwierigkeiten, ihre Kinder zu loben („Warum soll ich ihn für Selbstverständlichkeiten loben?") und Gefühle zu zeigen („Woran merken Sie bei Ihrem Mann, dass er sich freut?"). Hier ist Modellverhalten anderer Elternteile, aber auch der GruppenleiterInnen hilfreich.

Kraftquellen der Eltern

Angeregt durch die gemeinsame Übung zum Thema „Ein Ort, an dem ich mich wohl fühle", dreht sich das Gespräch anschließend häufig um persönliche Wünsche und Träume der Eltern.

Das Gespräch mit den anderen Eltern kann dazu anregen, über die eigenen (häufig verschütteten) Kraftquellen nachzudenken und unter Umständen alte Interessen neu zu beleben. Auch kann die Gruppe

Elterngruppe

Wege aufzeigen, wie eigene Interessen mit elterlichen Pflichten in Einklang gebracht werden können und hier organisatorische Tipps geben.

Entlastungsmöglichkeiten

In diesem Zusammenhang ist die Suche nach Unterstützung innerhalb des sozialen Netzwerkes wesentlicher Gesprächsinhalt. Auch hier können die Erfahrungen anderer Elternteile genutzt werden („Wie haben Sie es geschafft, eine solche Regelung mit ihren Nachbarn/Eltern auf die Beine zu stellen?"). Falls hier wenig Anregungen aus der Gruppe kommen, kann es hilfreich sein, dass die GruppenleiterInnen systematisch die unterschiedlichen Möglichkeiten abfragen und eigenes Informationsmaterial (Adressen, Literatur etc.) zur Verfügung stellen.

In der Regel sind bei den Eltern-Kind-Gruppen wie auch bei der anschließenden Elterngruppe die Mütter in der Überzahl, so dass es häufig um frauen- bzw. mütterspezifische Sichtweisen geht. Von daher erscheint es wichtig, für die Väter ein gesondertes Forum anzubieten, in dem die besondere Situation der Väter Berücksichtigung findet.

Vater-Kind-Gruppe

„Der Vater kann nicht nur wesentlich die Bedingungen einer geglückten Mutter-Kind-Beziehung beeinflussen, er kann auch seinem Kind vom ersten Tag an selber Lust, Wärme und Befriedigung geben; nicht in Konkurrenz zur Mutter, sondern zu ihrer Entlastung und Ergänzung und zum eigenen Vergnügen" (SCHNACK/NEUTZLING, 1992, S.27).

Die hier beschriebene Vater-Kind-Gruppe trifft sich in 4–6-wöchentlichem Abstand zum gemeinsamen Gestalten.

Die Idee entstand aus der Notwendigkeit heraus, die Väter in stärkerem Maße in die Behandlung ihrer Kinder mit einzubinden. Vielen Vätern ist es aufgrund ihrer Berufstätigkeit schwer möglich, die Termine zu gemeinsamen Gesprächen und/oder zur Eltern-Kind-Gruppe am Nachmittag wahrzunehmen. Väter spielen in der Sozialisation ihrer Kinder eine ebenso tragende Rolle wie Mütter und sind daher mitverantwortlich für die Entwicklung eines gesunden Beziehungs- und Kommunikationsverhaltens innerhalb der Familie. Diese Tatsache hat uns dazu angeregt, das Angebot einer Vater-Kind-Gruppe zu etablieren.

Das Ziel der Vater-Kind-Gruppe ist es, den Vätern einen Rahmen zu bieten, deutlich Erziehungsverantwortung zu übernehmen und zu erleben, ihrem Kind ein Beziehungsangebot zu machen und eine konstruktive Kommunikation mit ihrem Kind zu trainieren.

Die Methode zeigt sich in der Struktur der Gruppentreffen:

Im 1. Teil gestalten Väter und Kinder nach einer kurzen Vorstellungsrunde mit Holz, Ton, Gips oder Seidenmalerei nach eigenen Vorstellungen und Plänen.

Vater und Kind sind jetzt aufgefordert, sich darüber zu einigen, was woraus wie entstehen soll. Anschließend geht es um die Klärung der Zuständigkeiten und Kompetenzen im Gestaltungsprozess. Nach ca. 1,5 Stunden wird die gemeinsame praktische Tätigkeit beendet. Nicht fertig gestellte Arbeiten können beim nächsten Treffen fortgeführt oder mit nach Hause genommen und dort gemeinsam beendet werden (Angebot der Kontinuität in der Beziehung). Dann findet eine kurze Abschlussrunde statt, in der jedes Kind die von ihm und seinem Vater gemeinsam gestaltete Arbeit vorstellt.

Im dann folgenden 2. Teil haben die Kinder die Möglichkeit zum freien Spiel bei Betreuung durch einen Erzieher, während sich die Väter, wie die Eltern in der Eltern-Kind-Gruppe, unter Moderation der Gruppenleiter für 45 Minuten austauschen.

Die Themen dieser Nachbesprechung beziehen sich sowohl auf die gerade erlebte Aktion als auch auf die momentane häusliche Situation. Die Gesprächsinhalte hier lassen vermuten, dass die Väter in der „ungestörten" Arbeit mit ihrem Kind sich an Situationen aus der eigenen Biographie erinnern, wo es um Erwerb von Fähigkeiten und die dabei empfundenen Gefühle geht.

Spezifische Themen sind des Weiteren:

Unterschiedliches Erziehungsverhalten der Eltern, die Wahrnehmung der Fähigkeiten und Fertigkeiten der Kinder, die Definition und Positionierung der eigenen Rolle in der Familie, Darstellung eigener Stärken, Schwächen und Vorlieben in Bezug zur Familie und dem Kind (Beispiel: „Ich habe zwei linke Hände", „mein Kind geht lieber zum Nachbarn werken" oder „Ich gehe mit meinem Sohn angeln, da haben wir beide unseren Spaß", „Am Wochenende finden wir Zeit, gemeinsam an unseren Schiffsmodellen zu arbeiten. Felix freut sich, wenn ich ihm dabei etwas Neues beibringe").

Abschließend sei darauf hingewiesen, dass eine angemessene räumliche und personelle Ausstattung für diese Arbeit sehr wichtig ist, um Pannen und Frustrationen möglichst zu vermeiden. Die Gruppenleiter stehen während der Gestaltungsphase unterstützend zur Verfügung, ohne direkt in den Gestaltungsprozess einzugreifen.

Was uns immer wieder berührt, sind die Freude und die Lust der Kinder und Väter, miteinander zu gestalten, sowie ihr Bemühen, gemeinsame Wege zu einer Lösung zu finden.

Ihr gemeinsames kreatives Potential, das gemeinsame Erlebnis „etwas geschafft zu haben" und die geglückte Kommunikation bei der

Planung und Handlung in der Vater-Kind-Beziehung können als anregende Impulse für die gesamte Familie wirken.

Die Vater-Kind-Gruppe stellt zudem eine gute Möglichkeit dar, bei getrennt lebenden Familien den Vater aktiver mit in die Behandlung einzubeziehen.

Abschluss

Die Eltern-Kind-Gruppentherapie hat sich innerhalb kurzer Zeit zu einem wesentlichen Element unserer tagesklinischen Behandlung entwickelt.

Die Rückmeldungen der Eltern zeigen, dass sie Anregungen aus dem gemeinsamen Tun, der nonverbalen Begegnung mit ihrem Kind ziehen, Anregungen aus dem Austausch mit anderen Eltern aufgreifen und als Denkanstöße mit nach Hause nehmen. Da auch die Geschwister an der Gruppe teilnehmen können, ergeben sich neue Begegnungsmöglichkeiten in angespannten Geschwisterkonstellationen.

Darüber hinaus macht Eltern-Kind-Gruppentherapie Spaß – den Eltern, den Kindern und nicht zuletzt den GruppenleiterInnen, die häufig Eltern und Kinder von einer ganz neuen Seite kennen lernen.

Vielleicht hat unser Buch Sie ein wenig neugierig gemacht, und Sie probieren die gemeinsame Arbeit mit Eltern und Kindern aus.

Wir freuen uns über Rückmeldungen, neue Ideen und Anregungen.

Bedanken möchten wir uns bei Jürgen Hargens, ohne dessen ermutigendes Nachfragen dieses Buch wahrscheinlich erst in einigen Jahren in den Druck gegangen wäre.

Vielen Dank unseren Kolleginnen und Kollegen aus der Tagesklinik Baumhaus in Schleswig und Husum, sowie der Abteilung „kreative Therapien" des Schleiklinikums Schleswig für ihre Flexibilität, Geduld und wohlwollende Unterstützung.

Dank auch an unsere Patientinnen und Patienten und deren Familien für ihre Experimentierfreude und ihr Vertrauen.

Ulrike Behme-Matthiesen
Thomas Pletsch
August 2007

Roboter-Gebrauchsanweisung

Spezielle Eigenschaften

Roboter .... kann gut
(besondere Qualitäten, spezielle Fähigkeiten,
was ist besonders lobenswert)

1 ....
2 ....
3 ....
4 ....
5 ....
6 ....

Einsatzbereiche: ....

Wartung und Pflege

Roboter .... braucht (was ihm gut tut, was er mag, was er nicht mag, welche regelmäßige Pflege, damit er seine Fähigkeiten und Stärken zeigen kann)

....
....

Woran merkt man, dass der Roboter gut gepflegt/versorgt ist?

....

Woran merkt man, das der Roboter nicht gut gepflegt/versorgt ist?

....

Kopiervorlage „Roboter"

Notfallservice bei kleinen Funktionsstörungen/Mängeln:

Wer kann helfen, wenn der Roboter nicht funktioniert?

....

Was ist unbedingt zu vermeiden? Was schadet dem Roboter?

....

Notizen/Anmerkungen:

Viel Freude und Erfolg mit dem Roboter ....
wünschen Ihnen ....

Wegweiser

von Familie

....

- **Meine Stärken als Vater/Mutter sind:**

- **Besondere positive Fähigkeiten meines Kindes:**

- **Was wir gemeinsam tun, wenn es uns gut geht:**

- **Damit tue ich mir selbst etwas Gutes:**

- **Drei Schwierigkeiten zwischen mir und meinem Kind, die immer auftreten;**
  –
  –
  –
  –
  –
  –
  –
  –
  –
  –
  –
  –

Kopiervorlage „Wegweiser"

Wegweiser

von Familie

....

- **Das habe ich bisher ausprobiert:**
  –
  –
  –
  –
  –
  –
  –
  –
  –
  –
  –

  (Erfolgsbewertung:
  1 = ganz schlecht
  10 = sehr gut)

- **Das sind meine neuen Ideen:**
  –
  –
  –
  –
  –
  –
  –
  –
  –

Wegweiser

von Familie

....

- **Das nehme ich mir im Zusammenleben mit meinem Kind für die nächsten 14 Tage vor:**

  –
  –
  –
  –
  –
  –
  –
  –
  –
  –
  –
  –
  –
  –
  –
  –
  –
  –
  –
  –
  –

Literatur

Antonovsky, Aaron (1997). Salutogenese – Zur Entmystifizierung der Gesundheit. Tübingen: dgvt

Andersen, Tom (Hg.) (1990). Das Reflektierende Team. Dortmund: modernes lernen

Asen, Eia (2005). Von Multi-Institutionen-Familien zur Selbsthilfe. Zeitschrift für systemische Therapie und Beratung 23(3): 166-171

Antons, Klaus (1976). Praxis der Gruppendynamik. Göttingen: Hogrefe

Behme-Matthiessen, Ulrike / Thomas Pletsch (2005). Themenorientierte Eltern-Kind-Gruppentherapie. Zeitschrift für systemische Therapie und Beratung 23(3): 179-186

Conen, Marie-Luise (2002). Wo keine Hoffnung ist, muss man sie erfinden. Heidelberg: Cl.Auer

Erskine Richard / Janet P. Moursund (1991). Kontakt, Ich-Zustände, Lebensplan. Paderborn: Junfermann

Gührs, Manfred / Claus Nowak (1995). Das konstruktive Gespräch. Meezen: Limmer

Grawe, Klaus, Ruth Donati / Friederike Bernauer (1994). Psychotherapie im Wandel. Von der Konfession zur Profession. Göttingen: Hogrefe

Hennig, Gudrun / Georg Pelz (1997). Transaktionsanalyse – Lehrbuch für Therapie und Beratung. Freiburg i.Br.: Herder

Ludewig, Kurt (2002). Leitmotive systemischer Therapie. Stuttgart: Klett-Cotta

Rotthaus, Wilhelm (1990). Stationäre systemische Kinder- und Jugendpsychiatrie. Dortmund: modernes lernen

Schiffer, Eckhard (2001). Wie Gesundheit entsteht – Salutogenese: Schatzsuche statt Fehlerfahndung. Weinheim-Basel: Beltz

Schiepek, Günter (2004). Systemische Therapie als schulenübergreifendes Konzept. Vortrag, Viersener Therapietage

Schmidt, Gunther (1992). Lösungsorientierte Arbeit mit Eltern als Co-Therapeuten. Heidelberg: Cl.Auer (MC in der Reihe „Autobahn Universität")

Schnack, Dieter / Rainer Neutzling (1992). Kleine Helden in Not. Reinbek: Rowohlt

Steiner, Therese / Insoo Kim Berg (2006). Handbuch Lösungsorientiertes Arbeiten mit Kindern. Heidelberg: Cl.Auer

Stewart, Ian (1991). Transaktionsanalyse in der Beratung. Paderborn: Junfermann

Vogt-Hillmann, Manfred / Wolfgang Burr (Hrsg.) (2000). Kinderleichte Lösungen. Dortmund: borgmann

von Schlippe, Arist / Jochen Schweitzer (2002). Lehrbuch der systemischen Therapie und Beratung. Göttingen: Vandenhoeck & Ruprecht

Vopel, Klaus & Miriam Ehrich (1992). Malen und Formen. Hamburg: ISKO

Welter-Enderlin, Rosmarie / Bruno Hildenbrand (Hrsg.) (2006). Resilienz – Gedeihen trotz widriger Umstände. Heidelberg: Cl.Auer

Wustmann, Corinna (2004). Resilienz. Weinheim: Beltz

Raum für Notizen:

Raum für Notizen:

Raum für Notizen:

Raum für Notizen:

Praxisnahe Fachbücher vom NIK Bremen

Manfred Vogt-Hillmann / Wolfgang Eberling / Michael Dahm / Heinrich Dreesen (Hrsg.)
Gelöst und los!
Systemisch-lösungsorientierte Perspektiven in Supervision und Organisationsberatung
◆ 2. Aufl. 2002, 264 S., Format DIN A5, br,
ISBN 978-3-86145-200-3,
Bestell-Nr. 8311, € 22,50

Manfred Vogt-Hillmann / Wolfgang Burr (Hrsg.)
Lösungen im Jugendstil
Systemisch-lösungsorientierte Kreative Kinder- und Jugendlichentherapie
◆ 2. Aufl. 2005, 424 S., Format DIN A5, fester Einband,
ISBN 978-3-86145-226-3,
Bestell-Nr. 8316, € 21,50

Manfred Vogt-Hillmann / Wolfgang Burr (Hrsg.)
Kinderleichte Lösungen
Lösungsorientierte Kreative Kindertherapie
◆ 5. Aufl. 2006, 256 S., Format DIN A5, br,
ISBN 978-3-86145-209-6,
Bestell-Nr. 8396, € 20,40

Manfred Vogt (Hrsg.)
Wenn Lösungen Gestalt annehmen
Externalisieren in der kreativen Kindertherapie
◆ 2007, 200 S., Format 16x23cm, br,
ISBN 978-3-86145-300-0,
Bestell-Nr. 8343, € 19,80

Manfred Vogt / Heinrich Dreesen (Hrsg.)
Rituale, Externalisieren und Lösungen
Interventionen in der Kurzzeittherapie
◆ Jan. 2008, 192 S., Format 16x23cm, br,
ISBN 978-3-86145-301-7,
Bestell-Nr. 8344, € 19,80

• Wir liefern portofrei auf Rechnung!

BORGMANN MEDIA
verlag modernes lernen borgmann publishing
Schleefstr. 14 • D-44287 Dortmund • Kostenlose Bestell-Hotline: Tel. 0800 77 22 345 • FAX 0800 77 22 344
Ausführliche Informationen und Bestellen im Internet: www.verlag-modernes-lernen.de

Systemische Praxis

Hans Schindler / Arist von Schlippe (Hrsg.)
Anwendungsfelder systemischer Praxis
Ein Handbuch

Hier wird die Vielfalt der Möglichkeiten deutlich, in Anwendungsfeldern kreativ systemisch tätig zu sein und so entsteht ein Kaleidoskop mit vielfältigen Anregungen. Die Autoren waren dabei herausgefordert, ihre Tätigkeit mutig zu beschreiben und zu reflektieren – und die Leserinnen und Leser werden herausgefordert, dies auch mit der eigenen Praxis zu tun. Systemische Praxis war von Anbeginn nicht auf den klinischen Bereich eingeschränkt. So sind in diesem Buch neben den Bereichen systemische Familien-, Paar-, Gruppen- und Einzeltherapie, auch die Bereiche Supervision, Coaching und Organisationsentwicklung vertreten.

„... das auch handwerklich gut gestaltete Handbuch (mit Lesebändchen!) birgt eine Fülle gut durchgearbeiteter Kostbarkeiten. Dank an die Herausgeber und Empfehlung an systemisch geneigte LeserInnen!" Thomas Lindner, systhema
2005, 352 S., Format DIN A5, fester Einband
ISBN 978-3-938187-21-0, Bestell-Nr. 9371, € 24,60

Ben Furman
Es ist nie zu spät, eine glückliche Kindheit zu haben

„Furman stellt Lebensbewältigungsstrategien heraus, die es auch in der lösungsorientierten Kurzzeittherapie zu betonen gilt: Dazu gehört die Suche nach 'Schützenden Faktoren' wie andere nahe Menschen, wenn die Eltern versagen, aber auch Schreiben und Lesen als Quelle der Kraft und des Rückzugs, vor allem aber der veränderte Blick auf die Vergangenheit. Nicht die Probleme stehen dabei im Mittelpunkt, sondern die Kraft, die aus überstandenem Leiden erwächst, und die Fähigkeit, alte Wunden auch noch in späteren Lebensphasen zu schließen. Als unkonventionelle Kurzeinführung in lösungsorientiertes therapeutisches Denken und als anspruchsvolles Lebenshilfebuch gleichermaßen empfohlen." ekz-Informationsdienst 
5. Aufl. 2005, 104 S.,
Format DIN A5, br
ISBN 978-3-86145-173-0, Bestell-Nr. 8398, € 15,40

Winfried Palmowski
Nichts ist ohne Kontext
Systemische Pädagogik bei „Verhaltensauffälligkeiten"

Systemische Sichtweisen bieten den Pädagogen wertvolle und hilfreiche Handlungsmöglichkeiten, insbesondere auch bei Kindern und Jugendlichen, die als schwierig erlebt werden. Im Mittelpunkt der Aufmerksamkeit stehen hier die Beziehungsmuster und Spielregeln, die das Verhalten der beteiligten Personen bestimmen. Spielregeln zwischen Menschen lassen sich leichter verändern, als die Menschen selbst. Insofern stellt die systemische Sichtweise eine nützliche Ergänzung der Konzepte einer Pädagogik bei schwierigen Kindern und Jugendlichen dar. Dieses Buch bietet eine leicht lesbare Einführung in systemische Sichtweisen in pädagogischen Kontexten und behält dabei immer die Bedeutung für Praxis und für veränderte Praxis im Auge.
2007, 224 S., Format 16x23cm, br
ISBN 978-3-8080-0602-3, Bestell-Nr. 1306, € 19,50

Jürgen Hargens
Lösungsorientierte Therapie
... was hilft, wenn nichts hilft

„Jürgen Hargens beschreibt in seiner ihm eigenen humorvollen und treffsicheren Art sehr weise, wie Therapie gelingen kann, wie zwischen-menschlich sie sein kann. Ein Buch, das ich meinen Studierenden als Pflichtlektüre empfehlen werde." Dr. Jutta Fiegl, Systemische Familientherapeutin

„Der Autor versteht es einmal mehr, die Dinge auf den Punkt zu bringen. Ich empfehle das Buch allen, die diesen Ansatz kennen lernen möchten und auch jenen, die bereits damit arbeiten, um sich auf kollegialer Ebene kreativ anregen zu lassen." Dr. Manfred Vogt, NIK Bremen

„Ob Profi oder AnfängerIn – Sie werden diese Lektüre genießen und davon profitieren." Prof. Käthi Vögtli, Hochschule für Soziale Arbeit Luzern
2007, 112 S., Format 11,5x18,5cm, fester Einband
ISBN 978-3-86145-299-7, Bestell-Nr. 8342, € 9,80

BORGMANN MEDIA

verlag modernes lernen *borgmann publishing*

Schleefstr. 14 • D-44287 Dortmund • Kostenlose Bestell-Hotline: Tel. 0800 77 22 345 • FAX 0800 77 22 344
Ausführliche Informationen und Bestellen im Internet: www.verlag-modernes-lernen.de